Impressum
Verlag: BABADADA GmbH, Nedderfeld 112 , 22529 Hamburg
Geschäftsführer / Verlagsleitung: Harald Hof
Druck: Books on Demand GmbH, In de Tarpen 42, 22848 Norderstedt

Imprint
Publisher: BABADADA GmbH, Nedderfeld 112 , 22529 Hamburg, Germany
Managing Director / Publishing direction: Harald Hof
Print: Books on Demand GmbH, In de Tarpen 42, 22848 Norderstedt, Germany

escuela
sekoly

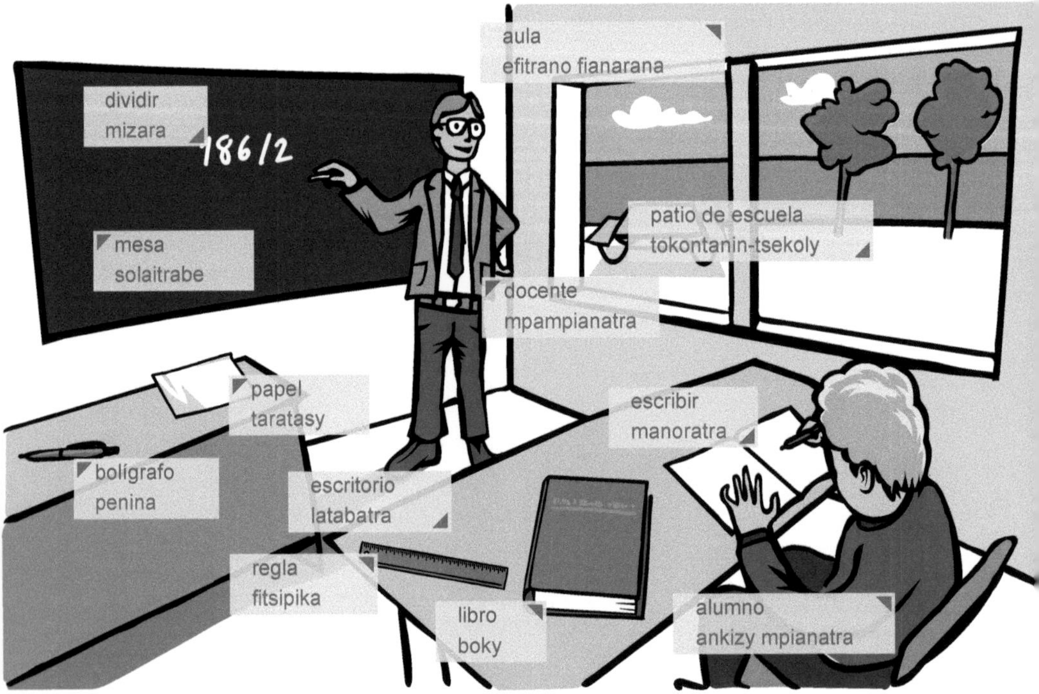

aula
efitrano fianarana
dividir
mizara
186/2
mesa
solaitrabe
patio de escuela
tokontanin-tsekoly
docente
mpampianatra
papel
taratasy
escribir
manoratra
bolígrafo
penina
escritorio
latabatra
regla
fitsipika
libro
boky
alumno
ankizy mpianatra

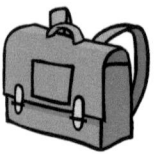

mochila escolar

kitapo

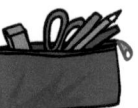

caja de lápices

torosy

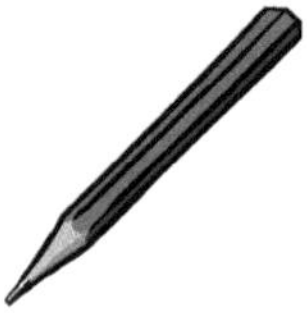

lápiz

pensilihazo

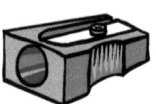

sacapuntas

fandrangitana pensilihazo

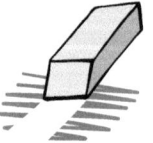

goma de borrar

gaoma

bloc de dibujo

karne fanaovana sary

dibujo
sary

pincel
borosy fandokoana

caja de pinturas
boaty loko

tijera
hety

pegamento
lakaoly

libro de ejercicios
kahie farnplasàna

tarea
enti-mody

número
tarehi-marika

sumar
manampy

restar
manala

multiplicar
mampitombo

calcular
mikajy

letra
taratasy

alfabeto
abidia

palabra
teny

texto

lahatsoratra

leer

mamaky

tiza

tsaoka

lección

lesona

libro de clase

boky fianarana

examen

fanadinana

certificado

sertifikà

uniforme escolar

fanamian'ny mpianatra

educación

fiofanana

enciclopedia

raki-pahalalana

universidad

oniversite

microscopio

mikraoskaopy

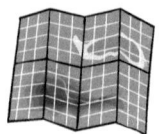

mapa

sarintany

cesto de papeles

fanariana fako taratasy

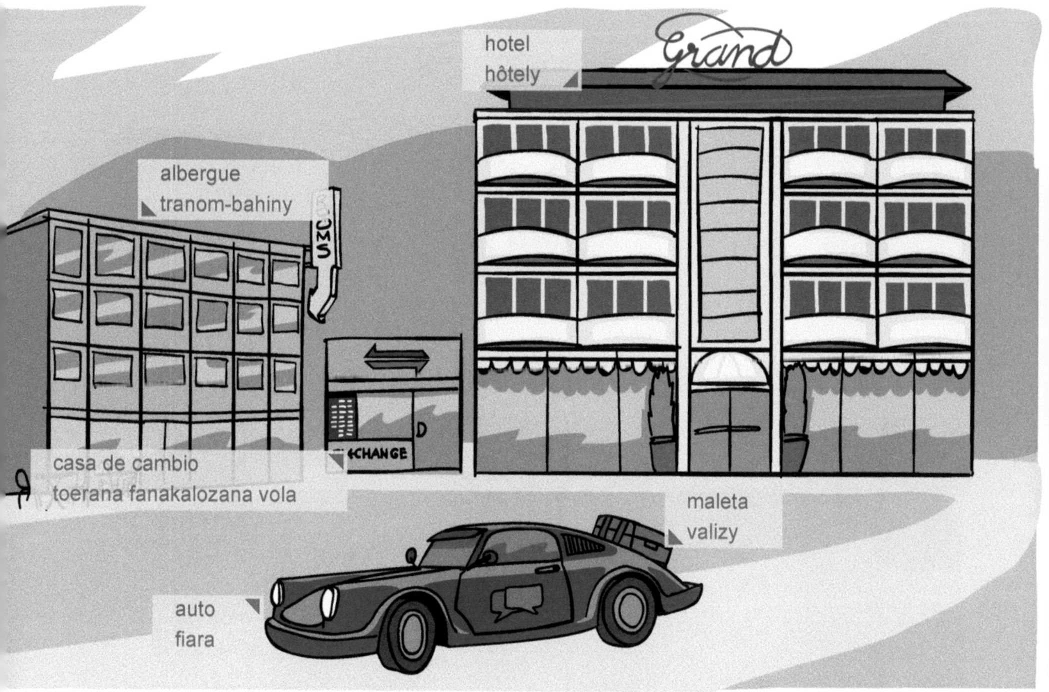

hotel
hôtely
Grand
albergue
tranom-bahiny
EXCHANGE
casa de cambio
toerana fanakalozana vola
maleta
valizy
auto
fiara

idioma

fiteny

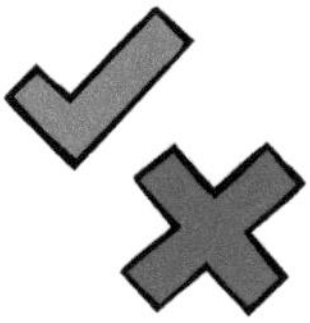

sí / no

eny / tsia

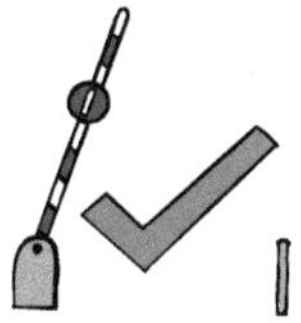

ok

Eny àry

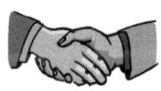

hola

salama

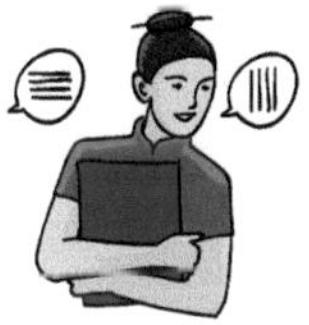

intérprete

mpandika teny

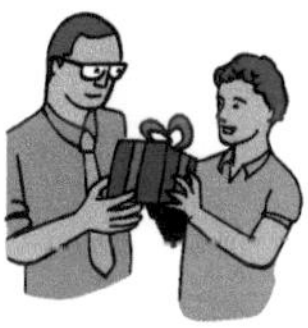

gracias

Misaotra

¿Cuánto cuesta...?

ohatrinona...?

No entiendo

Tsy azoko izany

problema

olana

¡Buenas tardes!

Salama ô!

¡Buenos días!

Arahaba tra-maraina e!

¡Buenas noches!

Tsara mandry ô!

adiós

veloma

dirección

fitantanana

equipaje

entan'ny mpandeha

bolso

harona

mochila

kitapo

invitado

vahiny

cuarto

efitrano

saco de dormir

fandriana enti-tànana

tienda de campaña

tanty

información al turista

birao miandraikitra ny fizahantany

playa

moron-tsiraka

tarjeta de crédito

fahana amin'ny karatra

desayuno

sakafo maraina

almuerzo

sakafo atoandro

cena

sakafo hariva

pasaje

tapakila

ascensor

ascenseur

sello

hajia

límite

tany manasaraka

aduana

fadin-tseranana

embajada

ambasady

visa

visa

pasaporte

pasipaoro

transporte
fitaterana

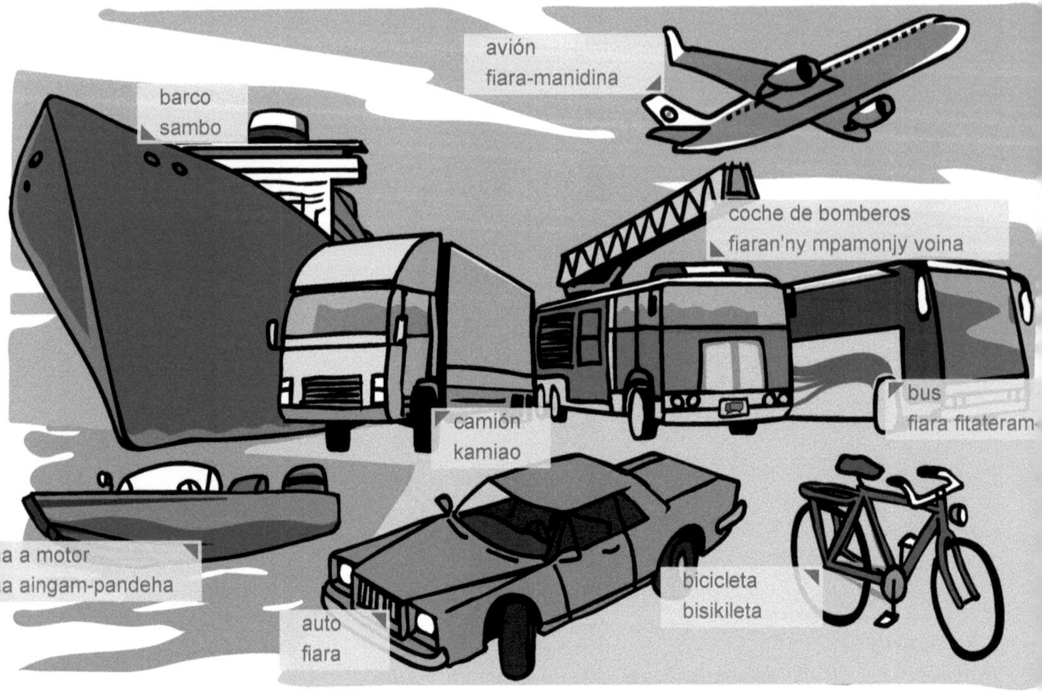

avión
fiara-manidina
barco
sambo
coche de bomberos
fiaran'ny mpamonjy voina
camión
kamiao
bus
fiara fitateram
a a motor
a aingam-pandeha
bicicleta
bisikileta
auto
fiara

balsa

sambobe

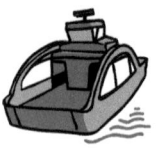

lancha

sambo

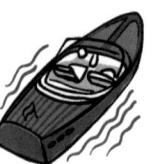

motocicleta

môtô

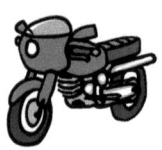

auto de policía

fiaran'ny polisy

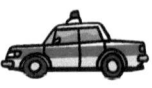

auto de carreras

fiara mpihazakazaka

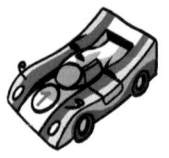

auto de alquiler

fiara fanofa

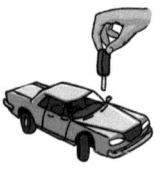

alquiler de autos

zara fiara

grúa

fiara etsy babeko

vehículo recolector de basura

fiara mpitatitra fako

motor

môtera

gasolina

solika

gasolinera

tobin-tsolika

señal de tráfico

tondro fifamoivoizana

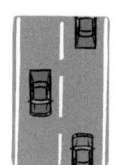

tránsito

fifamoivoizana

atasco

fitohanan'ny fifamoivoizana

estacionamiento

fitobian'ny fiara

estación de tren

fiantsonan'ny fiaran-dalamby

carril

lalamby

tren

fiaran-dalamby

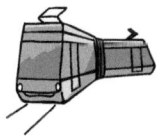

tranvía

tramway

vagón

kalesy

helicóptero

angidimby

aeropuerto

seranam-piaramanidina

torre

tilikambo

pasajero

mpandeha

contenedor

kaontenera

caja de cartón

baoritra

carro

chariot

cesta

harona

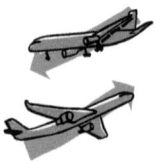

despegar / aterrizar

miainga / midina

ciudad

renivohitra

aldea

ambanivohitra

centro de la ciudad

afovoan-tanàna

casa

trano

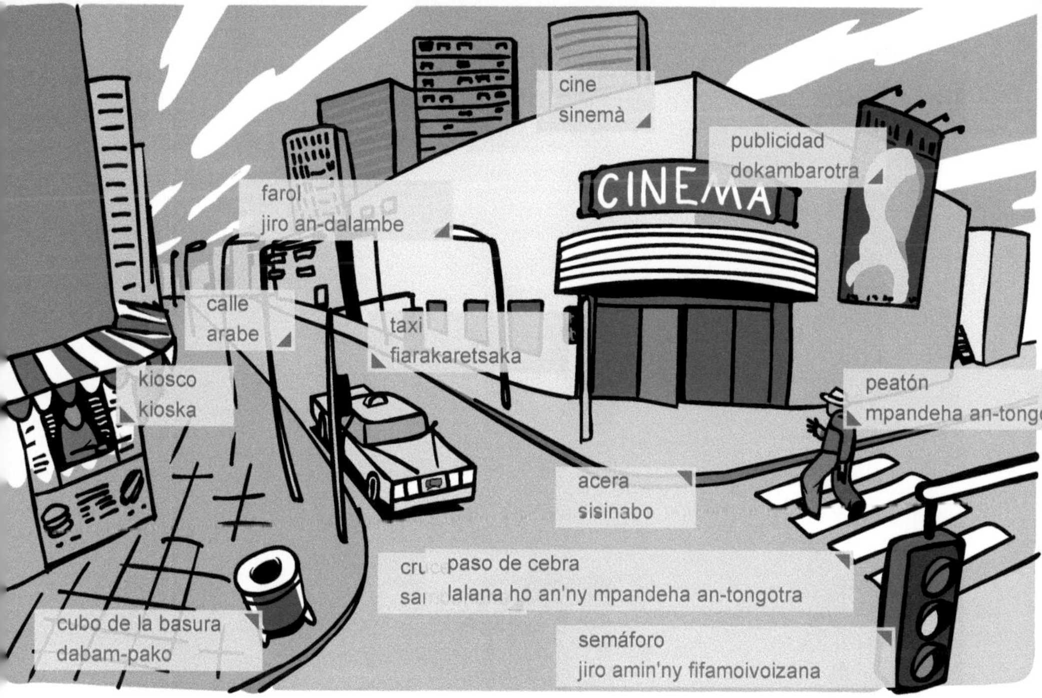

cine
sinemà

publicidad
dokambarotra

farol
jiro an-dalambe

CINEMA

calle
arabe

taxi
fiarakaretsaka

kiosco
kioska

peatón
mpandeha an-tongo

acera
sisinabo

cruce paso de cebra
sa   lalana ho an'ny mpandeha an-tongotra

cubo de la basura
dabam-pako

semáforo
jiro amin'ny fifamoivoizana

cabaña

trano bongo

apartamento

tranobe

estación de tren

fiantsonan'ny fiaran-
dalamby

ayuntamiento

firaisana

museo

donia

escuela

sekoly

universidad
oniversite

banco
banky

hospital
hopitaly

hotel
hôtely

farmacia
farmasia

oficina
birao

librería
fivarotam-boky

negocio
fivarotana

florería
mpivarotra voninkazo

supermercado
supermarché

mercado
tsena

grandes almacenes
tranobe fivarotana

pescadería
mpivarotra trondro

centro comercial
toeram-pivarotana lehibe

puerto
seranana

parque

valan-javaboary

banco

latabatra

puente

tetezana

escalera

totohatra

metro

metrô

túnel

tonelina

parada de autobuses

fiantsonan'ny fiara
mpitondra olona

bar

bara

restaurante

toeram-pisakafoanana

buzón de correo

boatin-taratasy paositra

letrero

famantarana an-arabe

parquímetro

parcmètre

zoológico

valan-javaboary

piscina

dobo filomanosana

mezquita

moskea

granja

toeram-pambolena

polución

loto

cementerio

fasana

iglesia

trano fiangonana

parque infantil

tokontany filalaovana

templo

tempoly

paisaje

endritany

hoja
ravina

indicador de camino
tondro famantarana

sendero
làlana

pradera
kijana

piedra
vato

caminante
mpihani-bohitra

árbol
hazo

río
renirano

pasto
bozaka

flor
voninkazo

valle

lemaka

montaña

vohitra

lago

laka

bosque

ala

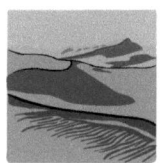

desierto

tany hay

volcán

volkano

castillo

rova

arco iris

avana

seta

holatra

palmera

hazom-boanio

mosquito

moka

mosca

lalitra

hormiga

vitsika

abeja

tantely

araña

hala

escarabajo

voangory

rana

sahona

ardilla

vontsira

erizo

trandraka

liebre

bitro

lechuza

vorondolo

pájaro

vorona

cisne

gisabe

jabalí

lambo

ciervo

cerf

alce

voalavo

embalse

toha-drano

aerogenerador

helisy ahodin-drivotra

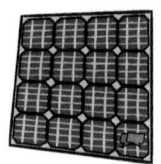

módulo solar

takela-masoandro

clima

toetr'andro

restaurante
toeram-pisakafoanana

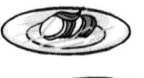

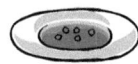

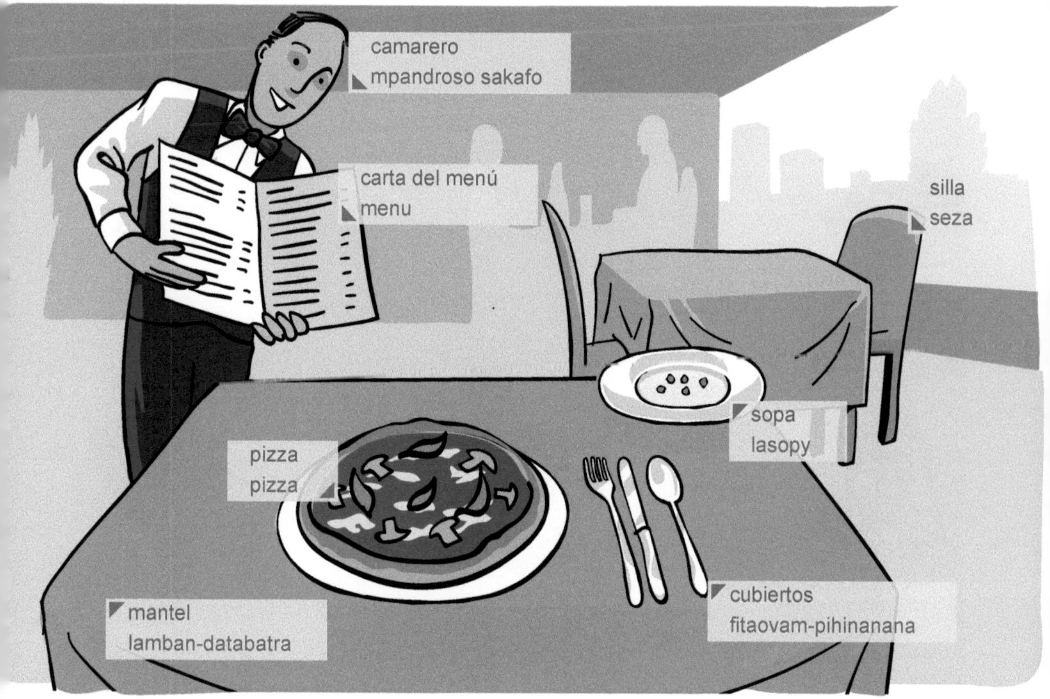
camarero
mpandroso sakafo
carta del menú
menu
silla
seza
sopa
lasopy
pizza
pizza
cubiertos
fitaovam-pihinanana
mantel
lamban-databatra

entrada

entrée

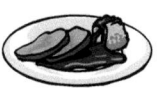

plato principal

sakafo fototra

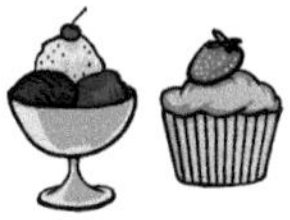

postre

desera

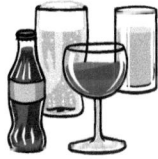

bebida

zava-pisotro

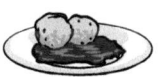

comida

sakafo

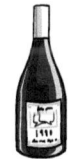

botella

tavoahangy

comida rápida
....
fast food

comida callejera
....
sakafo an-dalambe

tetera
....
fitoerana dite

azucarera
....
fitoeran-tsiramamy

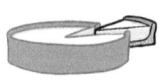

porción
....
singany

máquina de espresso
....
milina espresso

silla alta
....
seza avo

factura
....
faktiora

bandeja
....
lovia fandrosoana sakafo

cuchillo
....
antsy

tenedor
....
sotrorovitra

cuchara
....
sotro

cuchara de té
....
sotrokely

servilleta
....
servieta

vaso
....
vera

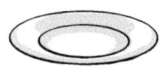

plato
vilia

plato de sopa
vilian-dasopy

platillo
vilia bory

salsa
saosy

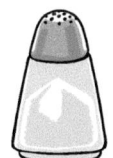

salero
fitoeran-tsira

molinillo para pimienta
mılına dipoavatra

vinagre
vinaingitra

aceite
solika

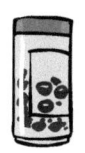

especias
zava-manitra

ketchup
ketchup

mostaza
voan-tsinapy

mayonesa
maionezy

supermercado
supermarché

oferta
fihenam-bidy
FOR
cliente
mpividy
productos lácteos
sakafo avy amin'ny ronono
fruta
voankazo
carrito de compras
chariot

BUTCHERS

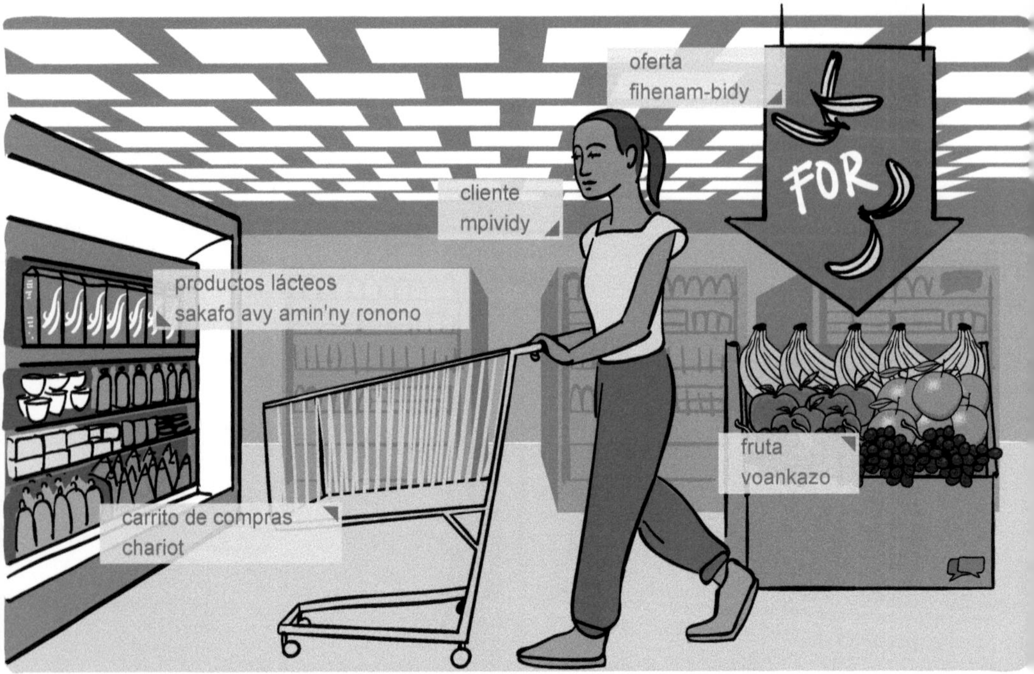

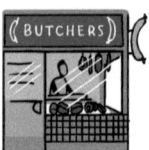

carnicería

mpivaro-kena

BAKERY

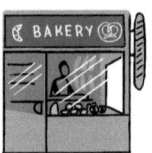

panadería

mpivarotra mofo

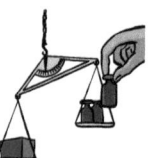

pesar

mandanja

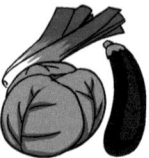

verdura

legioma

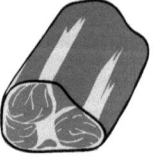

carne

hena

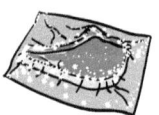

alimentos congelados

sakafo nampangatsiahana

fiambre

hena voahendy

conservas

sakafo am-by fotsy

detergente en polvo

vovon-tsavony

dulces

vatomamy

artículos domésticos

fitaovana an-tokatrano

productos de limpieza

fitaovana fanadiovana

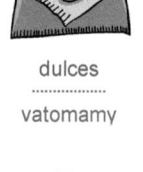

vendedora

mpivarotra

caja

toerana fandoavam-bola

cajero

mpandray vola

lista de compras

lisitry ny zavatra vidiana

horario de atención

ora fiasana

cartera

portefeuille

tarjeta de crédito

fahana amin'ny karatra

maleta

harona

bolsa plástica

harona plastika

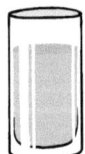

agua

rano

jugo

ranom-boankazo

leche

ronono

refresco de cola

coca

vino

divay

cerveza

labiera

alcohol

toaka

cacao

sôkôlà mafana

té

dite

café

kafe

espresso

espresso

cappuccino

cappuccino

banana

akondro

manzana

paoma

naranja

laoranjy

sandía

voatango

limón

voasarimakirana

zanahoria

karaoty

ajo

tongolo gasy

bambú

volobe

cebolla

tongolo

seta

holatra

nueces

voamaina

fideos

paty

espagueti

spaghetti

arroz

vary

ensalada

salady

patatas fritas

ovy frity

patatas salteadas

ovy voaendy

pizza

pizza

hamburguesa

hamburger

sándwich

sandwich

escalope

didin-kena

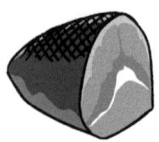

jamón

lambo sira

salame

salami

embutido

saosisy

pollo

akoho

asado

hena mendy

pescado

trondro

copos de avena

varin-tsoavaly

musli

muesli

copos de maíz tostado

cornflakes

harina

lafarinina

croissant

croissant

panecillo

mofodipaina kely

pan

mofo

tostada

mofo natono

galletas

bisky

mantequilla

dobera

cuajada

fromazy fotsy

pastel

mofomamy

huevo

atody

huevo frito

atody nendasina

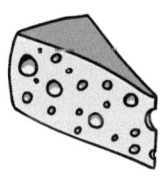

queso

fromazy

helado

lagilasy

azúcar

siramamy

miel

tantely

mermelada

kaonfitira

praliné

crème nougat

curry

curry

granja
toeram-pambolena

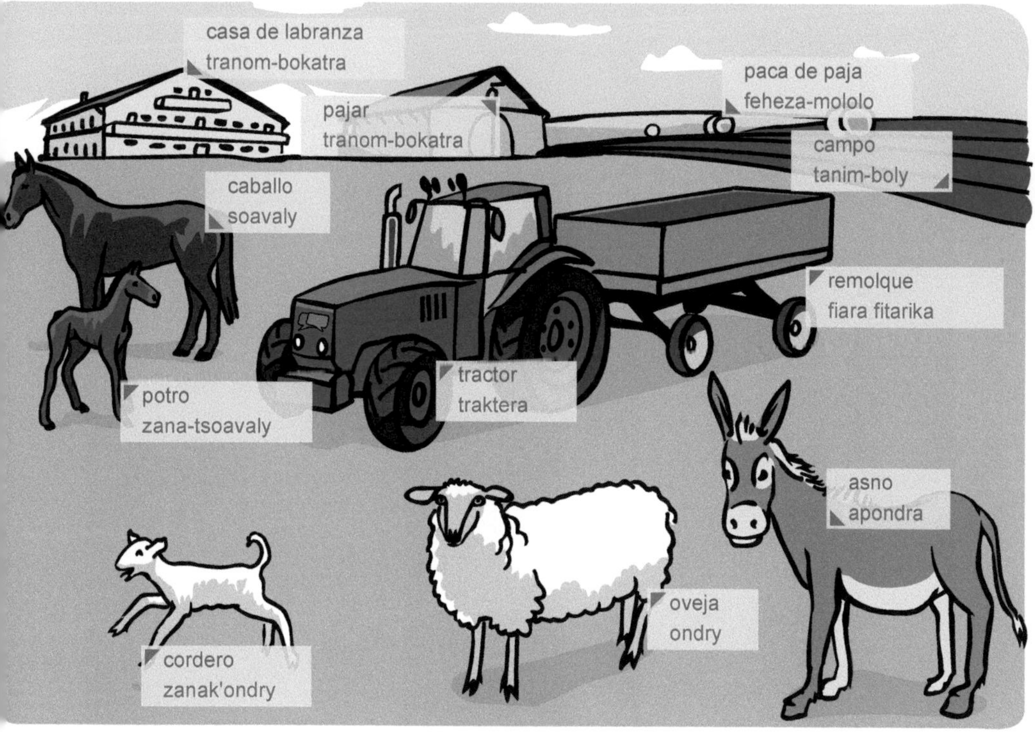
casa de labranza
tranom-bokatra
pajar
tranom-bokatra
paca de paja
feheza-mololo
campo
tanim-boly
caballo
soavaly
remolque
fiara fitarika
tractor
traktera
potro
zana-tsoavaly
asno
apondra
oveja
ondry
cordero
zanak'ondry

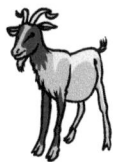

cabra

osy

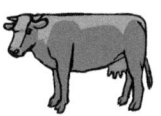

vaca

omby vavy

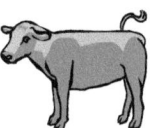

ternero

omby

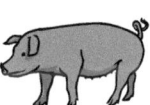

cerdo

kisoa

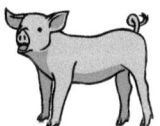

lechón

zana-kisoa

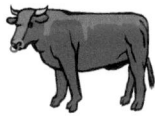

toro

omby

ganso

gisa

pato

gana

polluelo

zanak'akoho

pollo

akoho vavy

gallo

akoho lahy

rata

voalavo

gato

saka

ratón

voalavo tondro

buey

omby

perro

alika

caseta del perro

tranon'alika

manguera de riego

fantsona fanondrahana rano

regadera

fanondrahana

guadaña

antsy biloka

arado

angadin'omby

hoz

antsim-bilona

azada

antsetra

bieldo

farango vy

hacha

famaky

carretilla

borety

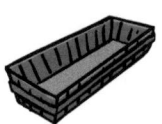

abrevadero

dababe

lechera

boatin-dronono

saco

harona

cerca

fefy

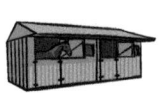

establo

tranom-biby

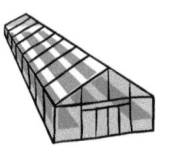

invernadero

talatalan-jaridaina

suelo

tany

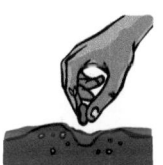

semilla

ambeoka

fertilizante

zezika

cosechadora

milina mpijinja vokatra

granja - toeram-pambolena

cosechar

vokatra

cosecha

vokatra

raíz de ñame

saonjo

trigo

varimbazaha

soja

saozaha

patata

ovy

maíz

katsaka

colza

colza

Árbol frutal

hazo fihinam-boa

mandioca

mangahazo

cereales

voamadinika

casa
trano

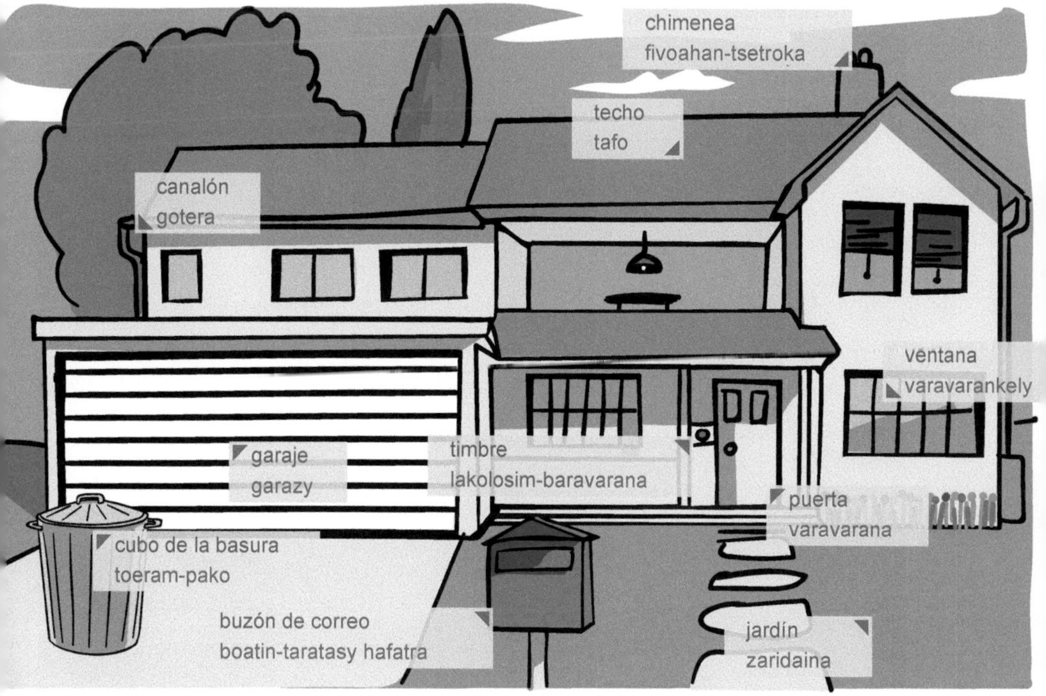

chimenea
fivoahan-tsetroka
techo
tafo
canalón
gotera
ventana
varavarankely
garaje
garazy
timbre
lakolosim-baravarana
puerta
varavarana
cubo de la basura
toeram-pako
buzón de correo
boatin-taratasy hafatra
jardín
zaridaina

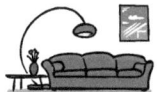

cuarto de estar

efitra fandraisam-bahiny

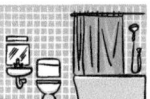

cuarto de baño

efitra fandroana

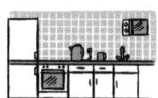

cocina

lakozia

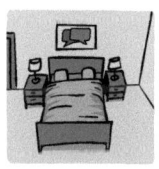

dormitorio

efitra fatoriana

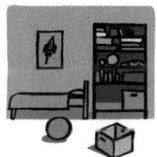

cuarto de los niños

efitranon'ny ankizy

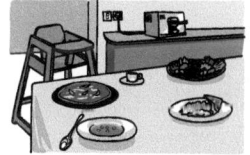

comedor

efi-trano fisakafoanana

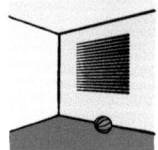

piso
tany

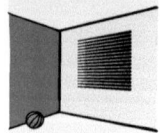

pared
rindrina

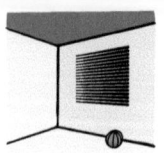

cielorraso
valindrihana

sótano
lakavy

sauna
sauna

balcón
tsimahalavo

terraza
lavarangana

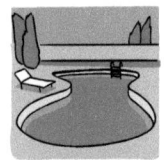

piscina
dobo filomanosana

cortacésped
mpanapaka bozaka

funda nórdica
lambam-pandriana

edredón
koety

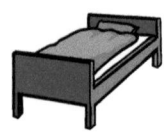

cama
fandriana

escoba
kifafa

cubo
sô

interruptor
interrupteur

cuarto de estar

efitra fandraisam-bahiny

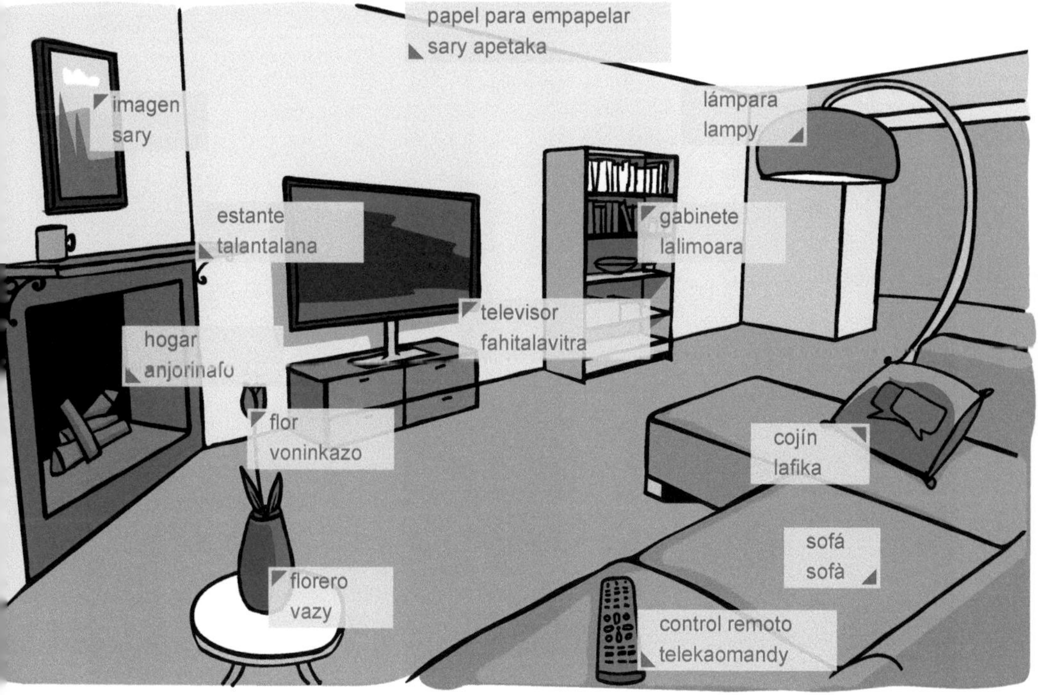
papel para empapelar
sary apetaka
imagen
sary
lámpara
lampy
estante
talantalana
gabinete
lalimoara
televisor
fahitalavitra
hogar
anjorinafo
flor
voninkazo
cojín
lafika
sofá
sofà
florero
vazy
control remoto
telekaomandy

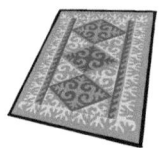

alfombra

tapis

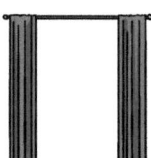

cortina

takom-baravarana

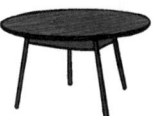

mesa

latabatra

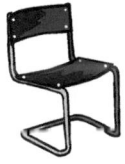

silla

seza

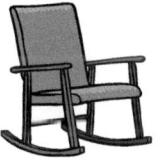

mecedora

seza savily

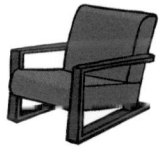

sillón

seza mihaja

libro

boky

frazada

lamba firakotra

decoración

asa fandravahana

leña

hazo fandrehitra

film

horonantsary

equipo estereofónico

fitaovana hi-fi

llave

fanalahidy

periódico

gazety

cuadro

loko

póster

sary famantarana

radio

radio

bloc de notas

kahie fanao tadidy

aspiradora

aspiratera

cactus

raketa

vela

labozia

cocina
lakozia

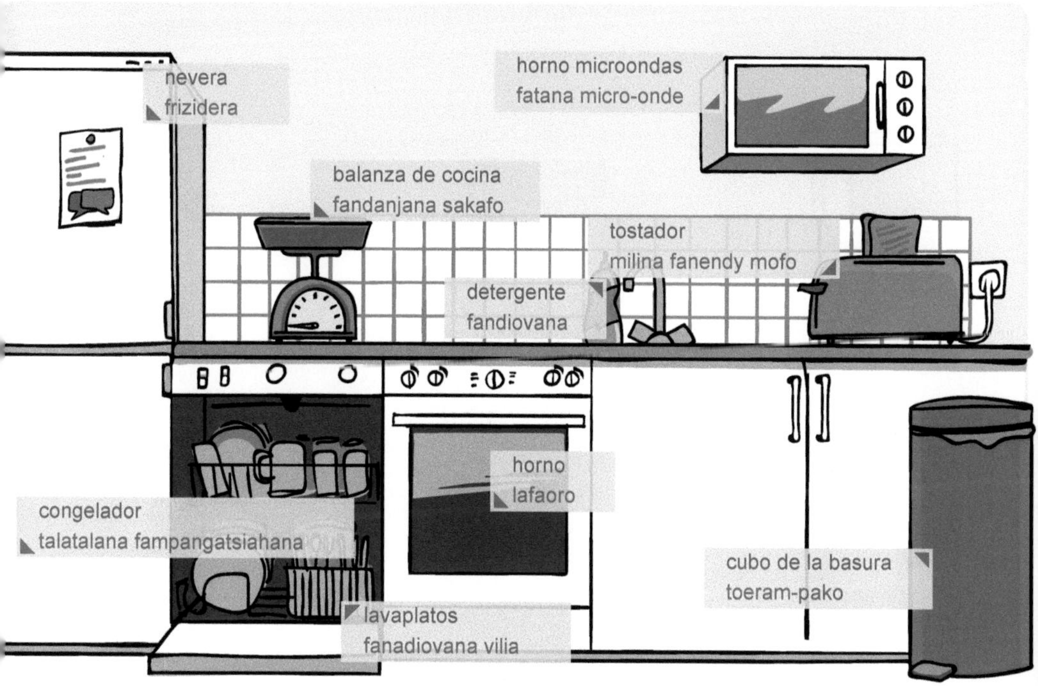
nevera
frizidera
horno microondas
fatana micro-onde
balanza de cocina
fandanjana sakafo
tostador
milina fanendy mofo
detergente
fandiovana
horno
lafaoro
congelador
talatalana fampangatsiahana
cubo de la basura
toeram-pako
lavaplatos
fanadiovana vilia

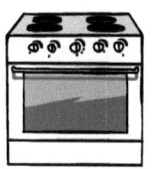

cocina

lafaoro

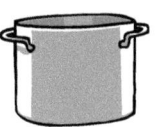

olla

vilany

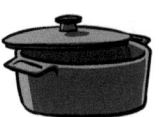

olla de fundición de hierro

vilany vy

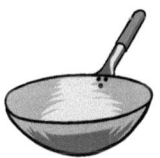

wok / kadai

wok / kadai

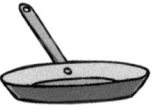

sartén

lapoaly

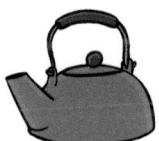

hervidor de agua

fitaovana fampangotrahana rano

olla de vapor

vilany mandeha entona

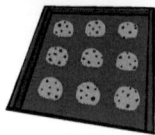

bandeja de horno

lovia fisaka

vajilla

fitaovan-dakozia

vaso

zinga

bol

vilia baolina

palillos para comer

hazokely fihinanana

cucharón de sopa

sotrobe lavatango

espátula

spatule

batidor

fanakapohana atody

colador

fanatantavanana

cedazo

lovia sivana

rallador

fanakikisana

mortero

laona

parrillada

kiendiendy

fogata

fivoahan'ny setroka

tabla de picar

akalana fitetehana

rodillo

kodia fandamàna koba

sacacorchos

fisontonana bosoa

lata

boaty

abrelatas

fanokafana boaty

agarrador

fitazomana vilany

fregadero

lavabô

cepillo

borosy

esponja

spaonjy

batidora

miksera

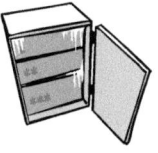

arcón congelador

fitaovana fampangatsiahana

biberón

tavoahanginono

grifo

paompy

cuarto de baño
efitra fandroana

ducha
efitra fandroana
calefacción
fanafanana
toalla
servieta
cortina para ducha
lamba fanakon'efitra fandroana
baño de espuma
menaka fandroana mandroatra
bañera
koveta fandroana
vaso
vera
lavadora
milina fanasana lamba
grifo
paompy
baldosa
taila
orinal
tavimandry
fregadero
lavabô

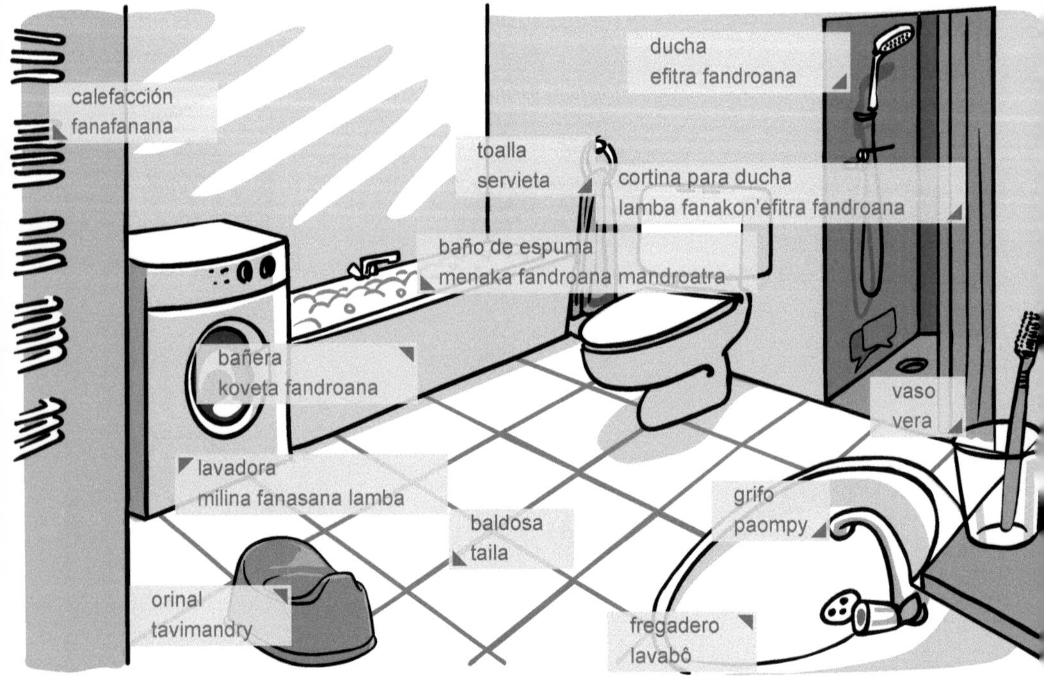

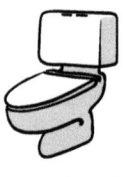

cuarto de baño
efitrano fidiovana

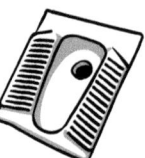

placa turca
kabone mitsingo

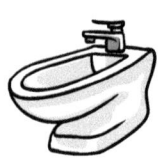

bidé
bidet

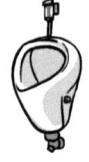

urinario
fipipizana

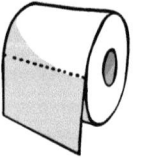

papel higiénico
taratasy fidiovana

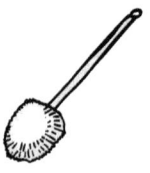

escobilla para el cuarto de baño
borosy fampiasa an-kabone

cepillo de dientes
borosinify

pasta dentífrica
famotsia-nify

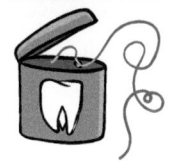

seda dental
kofehy fanadiova-nify

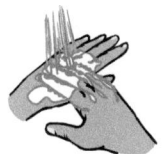

lavar
manasa

ducha teléfono
fisaika enti-tànana

ducha higiénica
fanadiovana fivaviana

cuenco
kovetabe

cepillo para la espalda
borosin-damosina

jabón
savony

gel de ducha
gel fampiasa rehefa misaika

champú
shampoo

manopla para baño
fonon-tànana enti-misaika

desagüe
tsiranoka

crema
crème fanosotra

desodorante
fanalana fofona

espejo

fitaratra

espejo de maquillaje

fitaratra fihaingo

máquina de afeitar

hareza

espuma de afeitar

raotra fiharatra

loción para después del afeitado

menaka haratra

peine

fiogo

cepillo

borosy

secador para cabello

fitaovana fanamainam-bolo

laca de peinado

atsifotra amin'ny volo

maquillaje

fikarakarana tarehy

lápiz labial

lokomena

laca para uñas

haingo hoho

algodón

vohavohan-dandihazo

tijera para uñas

fanapahana hoho

perfume

ranomanitra

neceser

fitoerana fitaovana an-
kabone

taburete

sezabory

balanza

fandanjana olona

bata de baño

akanjo enti-matory

guantes de goma

fonon-tànana enti-manadio

tampón

servieta fanary

compresa

lamba fampiasa amin'ny
fadimbolana

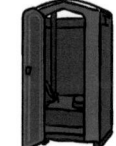

wáter químico

kabone simika

cuarto de los niños

efitranon'ny ankizy

despertador
famohamandry
animal de peluche
saribakoly
auto de juguete
fiara kilalao
sonajero
korintsana
casa de muñecas
tranon-tsaribakoly
obsequio
fanomezana

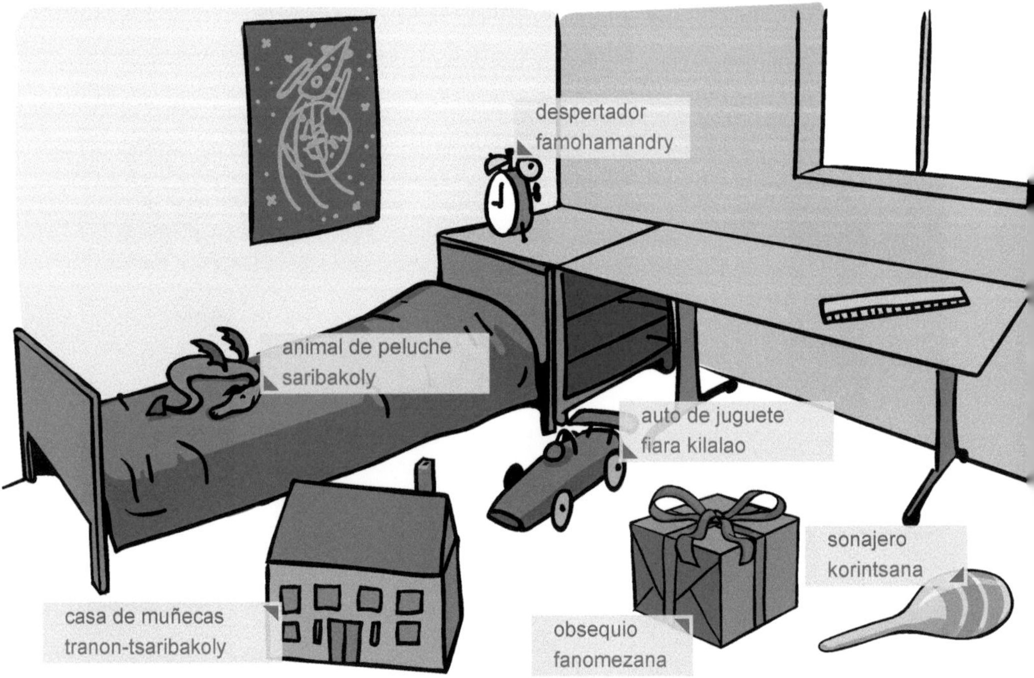

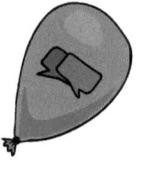

globo
balaonina

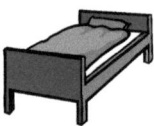

cama
fandriana

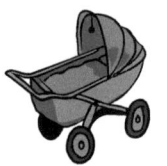

cochecito para niños
posety

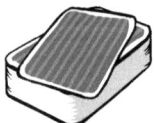

juego de barajas
lalao karatra

rompecabezas
puzzle

SUPER
MEGA

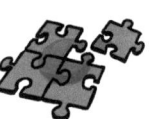

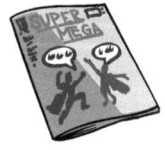

cómic
sariitatra

piezas de Lego

lalao legô

bloques para jugar

kilalao fananganana trano

figura de acción

sarivongana kely

pijama de una pieza

grenera

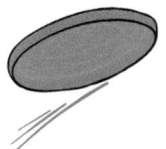

frisbee

Frisbee

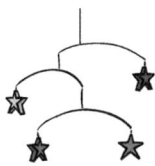

móvil

mobile

juego de mesa

jeu de société

dado

kodiakely

tren eléctrico a escala

lamasinina kely

chupete

solonono

fiesta

fety

libro de dibujos

boky feno sary

pelota

baolina

títere

saribakoly

jugar

milalao

arenero

kovetam-pasika

columpio

savily

juguetes

kilalao

consola de videojuego

kilalao video

triciclo

tricycle

osito de peluche

teddy orsa

guardarropa

fitoeran'akanjo

vestimenta

akanjo

calcetines

bà kiraro

medias

bàn-tongotra

panti

akanjo manara-batana

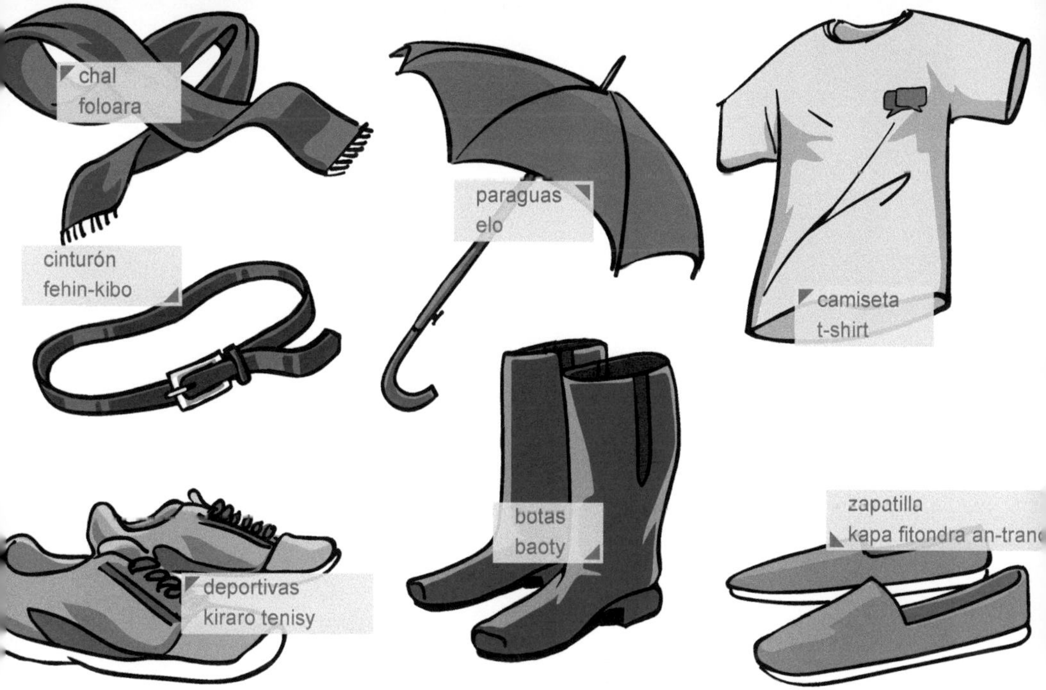

chal
foloara

cinturón
fehin-kibo

paraguas
elo

camiseta
t-shirt

botas
baoty

zapatilla
kapa fitondra an-tranc

deportivas
kiraro tenisy

sandalias
....
kapa

zapatos
....
kiraro

botas de goma
....
baoty fingotra

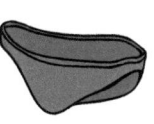

ropa interior
....
atinakanjo

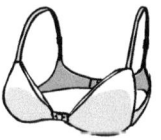

corpiño
....
tatinono

camiseta
....
akanjo feno

body

vatana

pantalón

pataloha

jeans

jean

falda

zipo

blusa

akanjo ambony

camisa

lobaka

pullover

pull

sweater

akanjo sarotro

blazer

palitao

chaqueta

palitao

abrigo

palitao

impermeable

akanjo aro-orana

traje chaqueta

akanjo fianjaika

vestido

fitafim-behivavy

vestido de bodas

akanjon'ny ampakarina

traje

akanjo fianjaika

camisón

akanjo-mandry

pijama

pijamà

sari

sari

pañuelo de cabeza

sarondoha

turbante

turban

burka

burqa

caftán

kaftan

abaya

abaya

traje de baño

akanjo fitondra milomano

bañador

akanjo fitondra milomano

shorts

pataloha fohy

chándal

akanjo fitena

delantal

tablie

guante

fonon-tànana

botón

bokotra

gafa

solomaso

brazalete

brasele

cadena

rojo

anillo

peratra

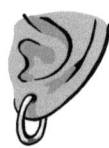

aro

kavina

gorra

satroka

percha

fanantonana palitao

sombrero

satroka

corbata

fehivozo

cierre a cremallera

hidikorisa

casco

aroloha

tiradores

beritelo

uniforme escolar

fanamian'ny mpianatra

uniforme

fanamiana

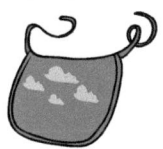

babero

bavoara

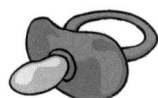

chupete

solonono

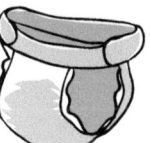

pañal

taty

oficina

birao

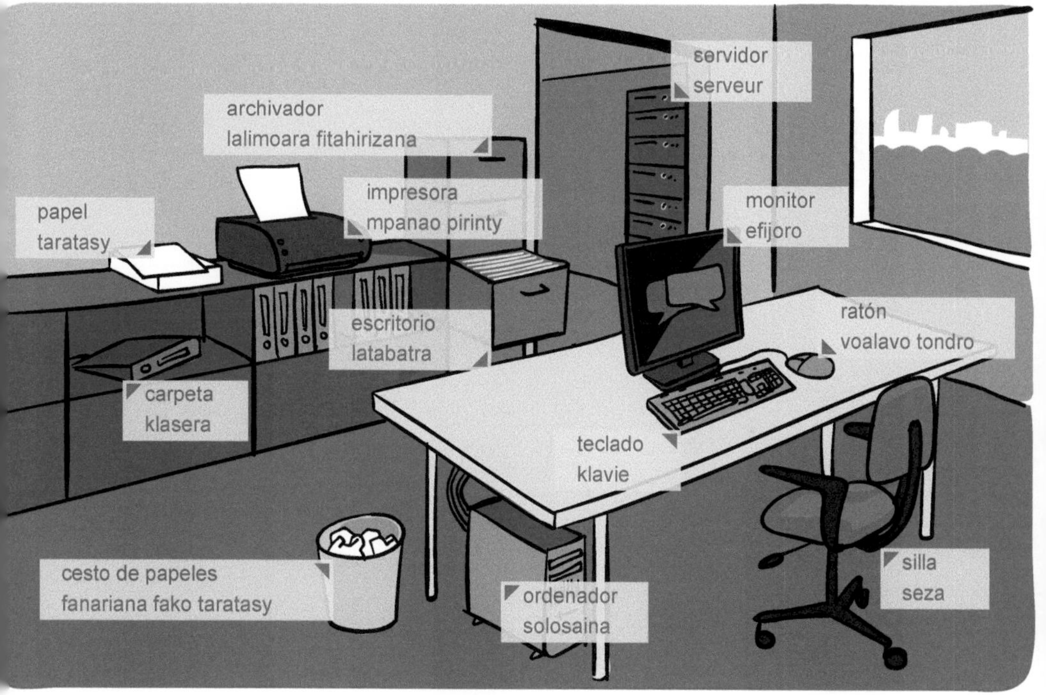
servidor
serveur
archivador
lalimoara fitahirizana
impresora
mpanao pirinty
papel
taratasy
monitor
efijoro
escritorio
latabatra
ratón
voalavo tondro
carpeta
klasera
teclado
klavie
cesto de papeles
fanariana fako taratasy
silla
seza
ordenador
solosaina

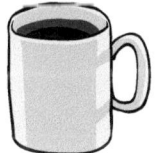

taza de café

kaopin-kafe

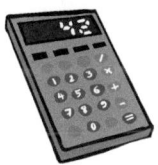

calculadora

mpikajy

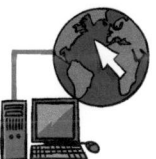

internet

aterineto

laptop

solosaina maivana

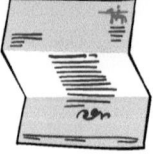

carta

taratasy

mensaje

hafatra

teléfono móvil

mobile

red

tambajotra

fotocopiadora

imprimante

software

rindrambaiko

teléfono

finday

tomacorriente

prizy

máquina de fax

fax

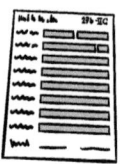

formulario

efitra fenoina

documento

fehezan-taratasy

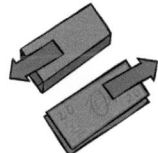

comprar

mividy

pagar

mandoa vola

comerciar

misera

dinero

vola

dólar

dôlara

euro

euro

yen

yen

rublo

rouble

franco

Franc suisse

renminbi

renminbi yuan

rupia

roupie

cajero automático

fangalàna vola

casa de cambio

toerana fanakalozana vola

oro

volamena

plata

volafotsy

petróleo

solika

energía

angovo

precio

vidiny

contrato

fifanekena

impuesto

hetra

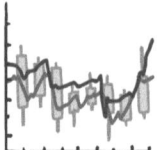

acción

action borsa

trabajar

miasa

empleado

mpiasa

empleador

mpampiasa

fábrica

orinasa

negocio

fivarotana

ocupaciones
asa

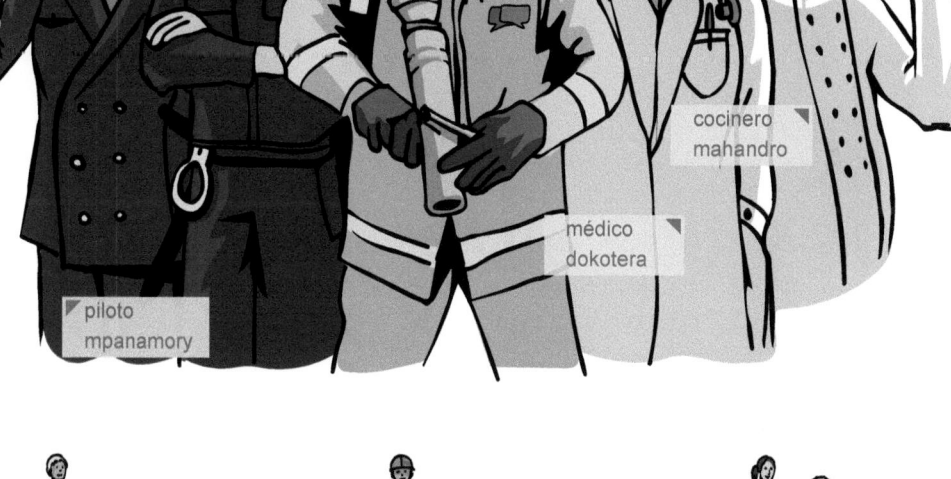

policía
mpitandro filaminana
bombero
mpamonjy voina
cocinero
mahandro
médico
dokotera
piloto
mpanamory

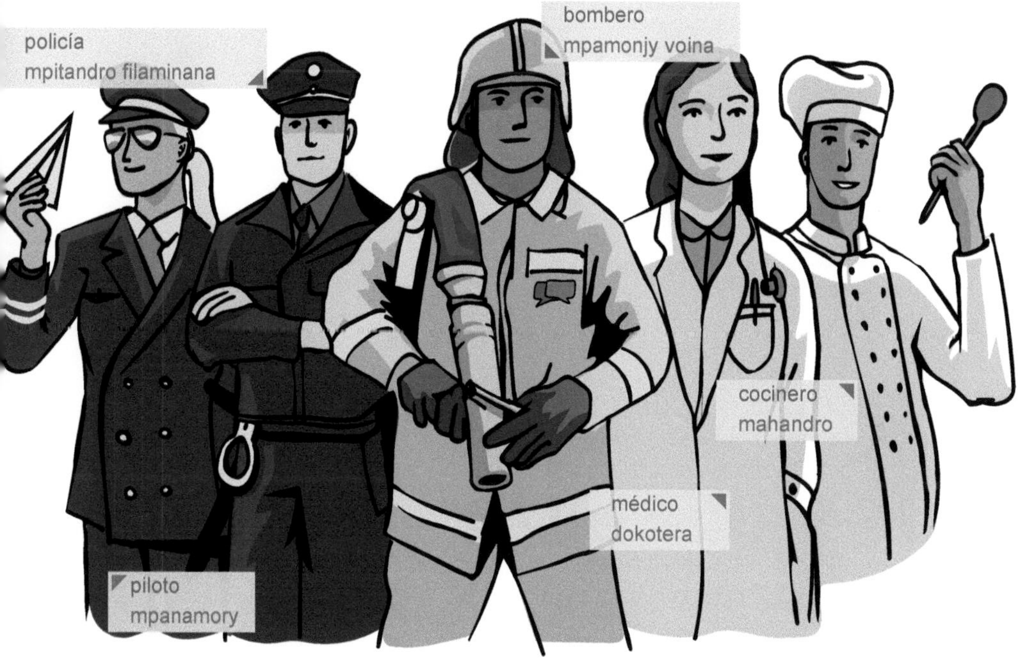

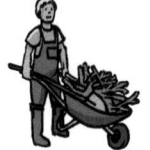

jardinero
mpikarakara zaridaina

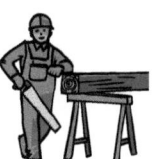

carpintero
mpandrafitra

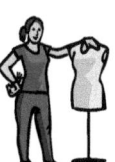

costurera
vehivavy mpanjaitra

juez
mpitsara

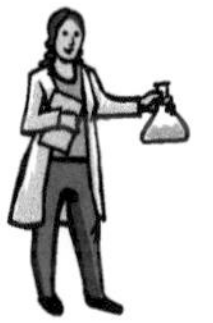

químico
mpahay simia

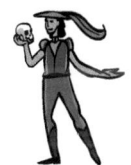

actor
mpilalao sarimihetsika

conductor de autobús

mpamily fiara fitateram-
bahoaka

taxista

mpamily fiarakaretsaka

pescador

mpanjono

mujer de la limpieza

vehivavy mpanadio

techista

mpanao tafo

camarero

mpandroso sakafo

cazador

mpihaza

pintor

mpandoko

panadero

mpanao mofo

electricista

elektrisianina

albañil

mpanao trano

ingeniero

injeniera

carnicero

mivaro-kena

fontanero

plombier

cartero

faktera

soldado

miaramila

arquitecto

mpanao mari-trano

cajero

mpandray vola

florista

mpivarotra voninkazo

peluquero

mpanao volo

cobrador

mpizara tapakila

mecánico

mpahay mekanika

capitán

kapiteny

odontólogo

mpitsabo nify

científico

siantifika

rabino

raby

imam

imam

monje

moanina

párroco

pretra

herramientas
fitaovana

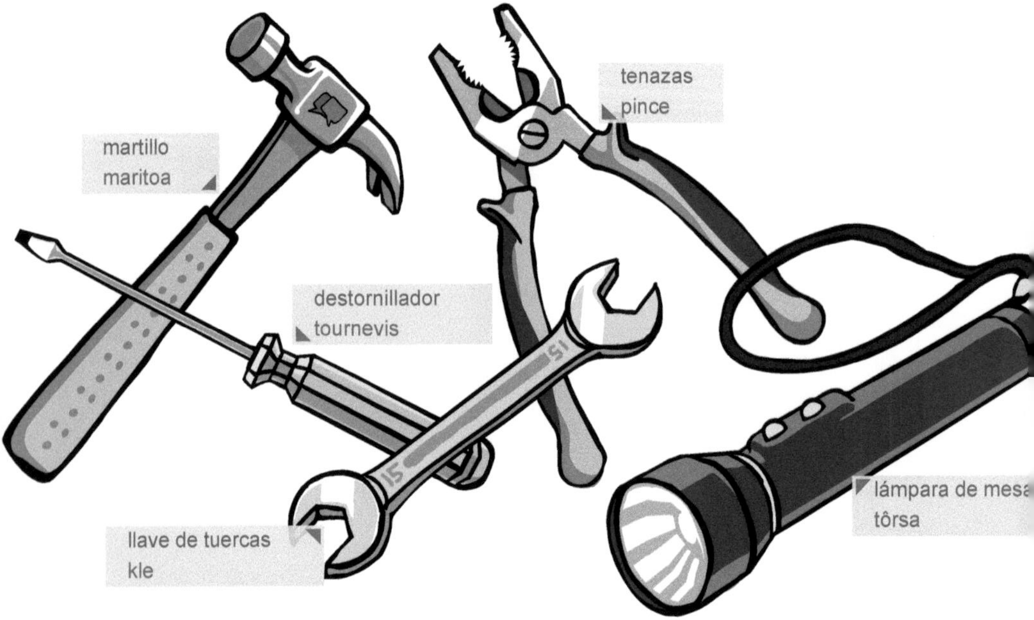
martillo
maritoa
tenazas
pince
destornillador
tournevis
llave de tuercas
kle
lámpara de mes
tôrsa

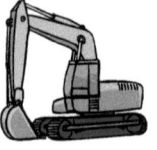

excavadora

pelleteuse

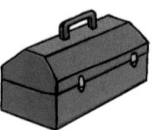

caja de herramientas

boaty fanisy fitaovana

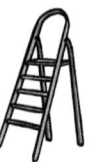

escalerilla

tohatra

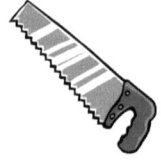

serrucho

tsofa

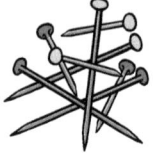

clavos

fantsika

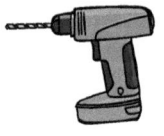

taladro

perceuse

reparar

manarina

pala

lapela

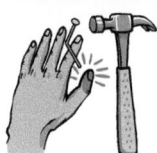

¡Maldición!

Kyy!

recogedor

anqadim-pako

lata de pintura

boatin-doko

tornillos

visy

instrumentos musicales
zava-maneno

batería
vata maro anaka

altavoz
haut-parleur

contrabajo
contrebasse

trompeta
trompetra

guitarra
gitara

piano

vata maro afitsoka

violín

lokanga

bajo

basse

timbales

amponga timpani

tambor

aponga

teclado

klavie

saxofón

saksa

flauta

sodina

micrófono

mikrao

zoológico
valan-javaboary

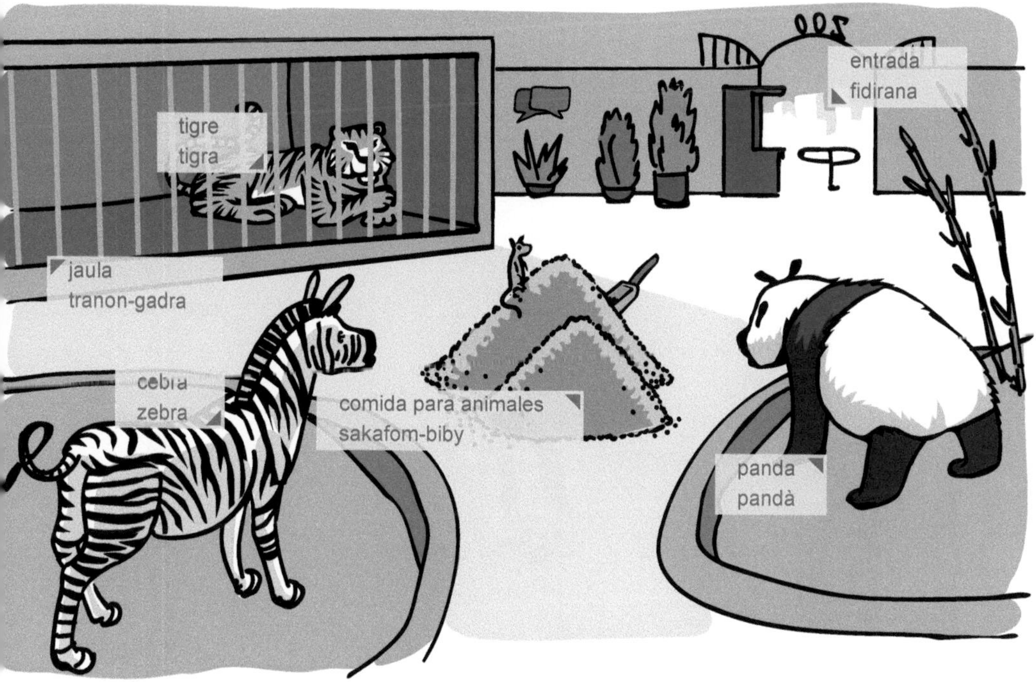

tigre
tigra
jaula
tranon-gadra
entrada
fidirana
cebra
zebra
comida para animales
sakafom-biby
panda
pandà

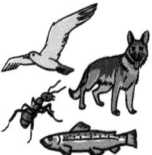

animales
biby

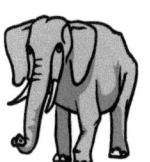

elefante
elefanta

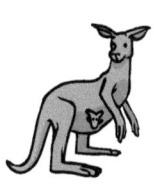

canguro
kangoroa

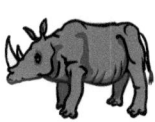

rinoceronte
rinôserôsy

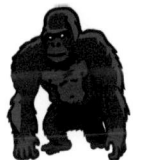

gorila
gôrila

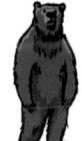

oso
orsa

camello
rameva

avestruz
aotrisy

león
liona

mono
rajako

flamengo
sama

papagayo
boloky

oso polar
orsa polera

pingüino
pengoa

tiburón
atsantsa

pavo real
vorombola

serpiente
bibilava

cocodrilo
voay

cuidador del zoológico
mpiandry valan-javaboary

foca
fôko

jaguar
jagoara

pony
poney

leopardo
leopara

hipopótamo
hipôpôtamo

jirafa
zirafa

águila
voromahcry

jabalí
lambo

pescado
trondro

tortuga
sokatra

morsa
môrsa

zorro
renard

gacela
gazely

fútbol americano
Football amerikana

ciclismo
hazakazaka am-bisikileta

tenis
tennis

baloncesto
baskety

natación
lomano

boxeo
boxe

hockey sobre hielo
hockey an-dranomandry

fútbol
baolina kitra

badminton
badminton

atletismo
atletisma

balonmano
handball

esquí
ski

polo
polo

reír
mihomehy

saltar
mitsambikina

abrazar
mamihina

caminar
mandeha

cantar
mihira

soñar
manonofy

rezar
mivavaka

besar
manoroka

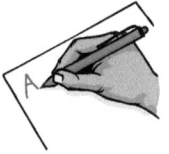

escribir

manoratra

dibujar

manao sary

mostrar

maneho

presionar

manosika

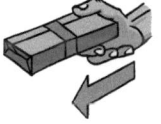

dar

manome

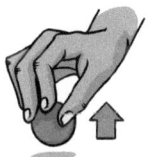

tomar

mandray

tener

manana

hacer

manao

ser

mizovy

estar de pie

mijoro

correr

mihazakazaka

tirar

misintona

arrojar

manary

caer

lavo

estar acostado

mandry

esperar

miandry

llevar

mitondra

estar sentado

mipetraka

vestirse

miakanjo

dormir

matory

despertar

mifoha

mirar

mijery

llorar

mitomany

acariciar

fahatapahan'ny lalan-dra

peinarse

fiogo

conversar

miresaka

entender

mahay

preguntar

milaza

oír

mihaino

beber

misotro

comer

mihinana

asear

mandamina

amar

mitia

cocinar

mahandro

conducir

mamily

volar

lalitra

navegar

miandriaka

calcular

mikajy

leer

mamaky

aprender

mianatra

trabajar

miasa

casarse

mivady

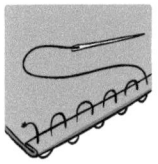

coser

manjaitra

limpiarse los dientes

miborosy nify

matar

mamono

fumar

mifoka

enviar

mandefa

abuela
renibe

abuelo
dadabe

padre
ray

madre
reny

bebé
zaza

hija
zanaka vavy

hijo
zanaka lahy

invitado
....
vahiny

tía
....
nenitoa

tío
....
dadatoa

hermano
....
rahalahy

hermana
....
rahavavy

cuerpo

vatana

frente
handrina
ojo
maso
hombro
soroka
dedo
rantsan-tànana
cara
tarehy
barbilla
saoka
mano
tànana
pierna
ranjo
pecho
nono
brazo
sandry

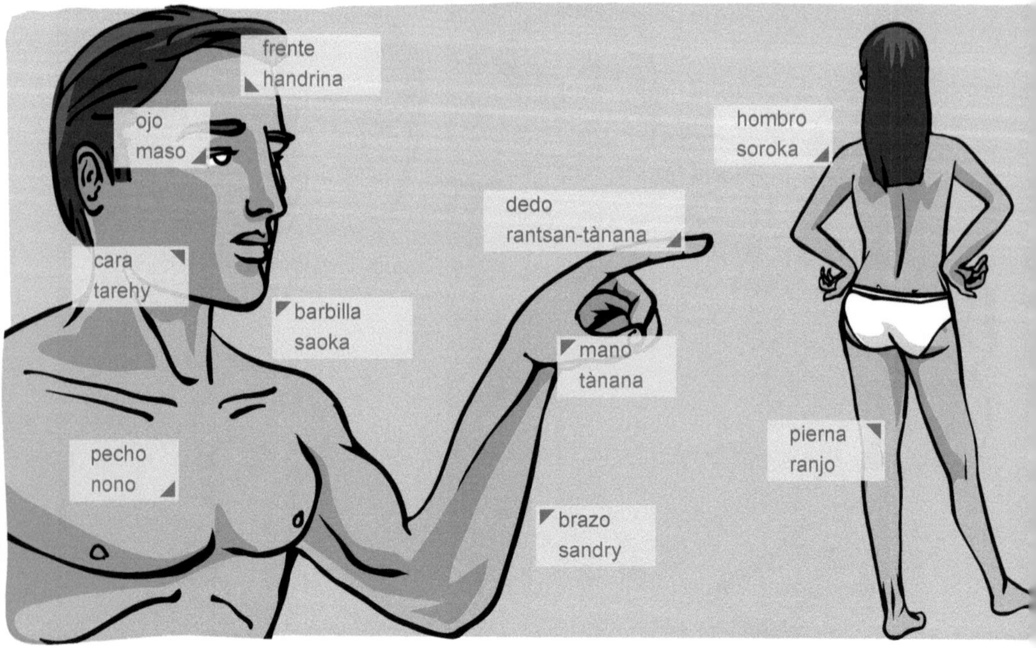

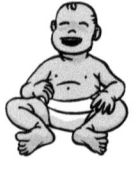

bebé

zaza

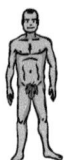

hombre

lehilahy

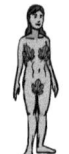

mujer

vehivavy

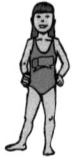

muchacha

vavy

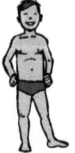

joven

lahy

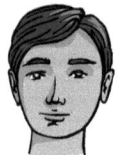

cabeza

loha

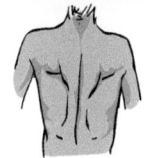

espalda
lamosina

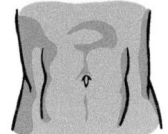

vientre
kibo

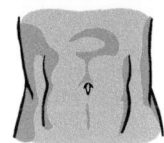

ombligo
foitra

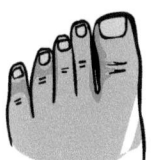

dedo del pie
rantsan-tongotra

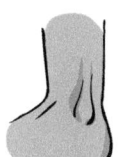

talón
voditongotra

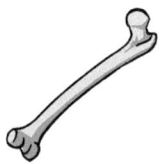

hueso
taolana

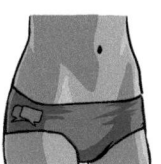

cadera
valahana

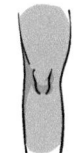

rodilla
lohalika

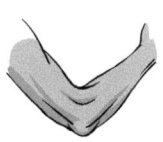

codo
kiho

nariz
orona

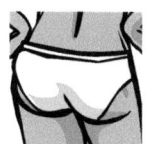

trasero
vody

piel
hoditra

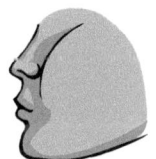

mejilla
takolaka

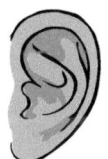

oreja
sofina

labio
molotra

boca

vava

diente

nify

lengua

lela

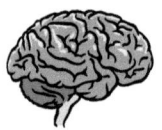

cerebro

saina

corazón

fo

músculo

ozatra

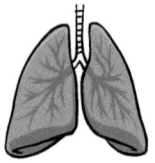

pulmón

havokavoka

hígado

aty

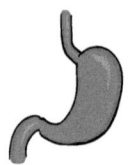

estómago

vavony

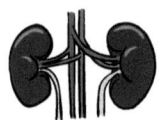

riñones

voa

relación sexual

firaisana ara-nofo

condón

fimailo

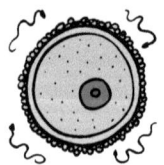

Óvulo

tsirivavy

esperma

ranonaina

embarazo

vohoka

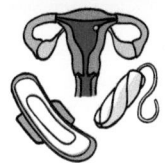

menstruación
....
fadimbolana

vagina
....
fivaviana

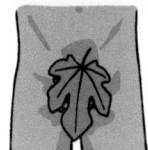

pene
....
filahiana

ceja
....
volomaso

cabello
....
volo

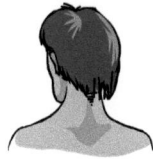

cuello
....
tenda

hospital
hopitaly

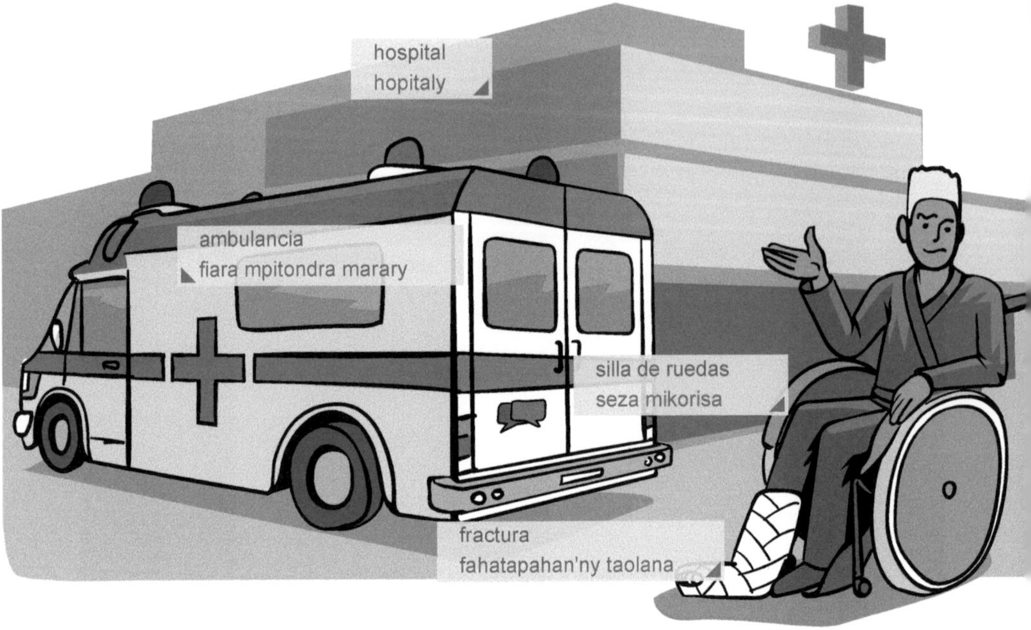

hospital
hopitaly
ambulancia
fiara mpitondra marary
silla de ruedas
seza mikorisa
fractura
fahatapahan'ny taolana

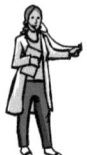

médico

dokotera

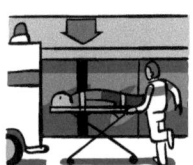

admisión de urgencia

efitra vonjy taitra

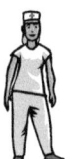

enfermera

mpitsabo mpanampy

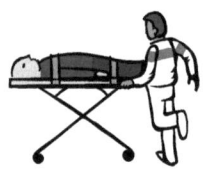

emergencia

vonjy taitra

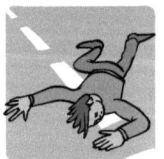

inconsciente

tsy mahatsiaro tena

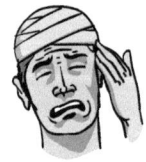

dolor

fanaintainana

lesión

faharatràna

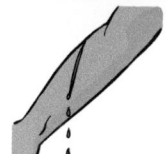

hemorragia

mandeha rà

infarto de miocardio

aretim-po

apoplejía cerebral

fahatapahan'ny lalan-dra

alergia

tsy fahazakana sakafo

tos

kohaka

fiebre

tazo

gripe

gripa

diarrea

fivalanana

dolor de cabeza

aretin'an-doha

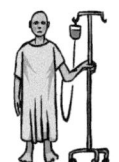

cáncer

homamiadana

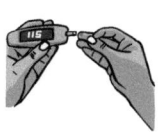

diabetes

diabeta

cirujano

dokotera mpandidy

escalpelo

antsy fandidiana

operación

fandidiana

TC

TC

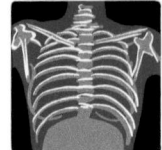

rayos X

taratra X

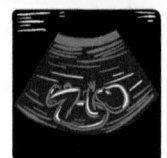

ultrasonido

ekôgrafia

máscara

saron-tava

enfermedad

aretina

sala de espera

efitrano fiandrasana

muleta

tehina

emplasto

taha fery

vendaje

bandy

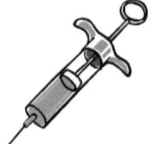

inyección

tsindrona

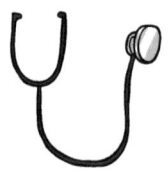

estetoscopio

stetoskopy

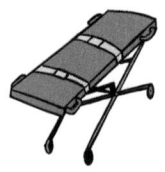

camilla

filanjana marary

termómetro

fitaovana fitsapana
hafanana

nacimiento

fahaterahana

sobrepeso

hatavezana tafahoatra

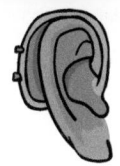

audífono

fitaovana fandrenesana

desinfectante

famonoana mikraoba

infección

fifindràna aretina

virus

viriosy

VIH / SIDA

VIH / SIDA

medicina

fitsaboana

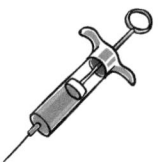

vacunación

vaksiny

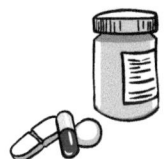

comprimido

pilina

píldora anticonceptiva

pilina

llamada de emergencia

antso vonjy taitra

medidor de presión arterial

fitaovana fitsapana tosi-drà

enfermo / saludable

marary / salama

¡Ayuda!

Vonjeo!

alarma

antso fanairana

asalto

herisetra

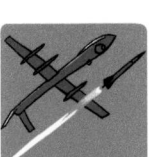

ataque

vono

peligro

loza

salida de emergencia

fivoahana raha misy loza

¡Fuego!

Afo!

extintor

fitaovam-pamonoana afo

accidente

loza

kit de primeros auxilios

fitaovam-pitsaboana
vonjimaika

SOS

SOS

Policía

pôlisy

Europa

Eoropa

América del Norte

Amerika avaratra

América del Sur

Amerika atsimo

África

Afrika

Asia

Azia

Australia

Aostralia

Atlántico

Atlantika

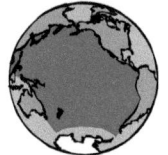

Pacífico

Pasifika

Océano Índico

Ranomasimbe Indiana

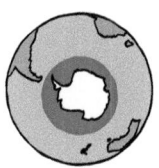

Océano Antártico

Oseana Antarktika

Océano Ártico

Oseana Arktika

Polo Norte

Tendrotany avaratra

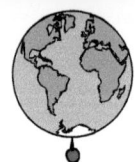

Polo Sur

Tendrotany atsimo

Antártida

Antarktika

Tierra

tany

país

tany

mar

ranomasina

isla

nosy

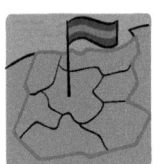

nación

tanindrazana

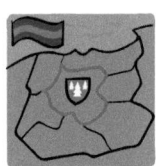

Estado

firenena

cuadrante

tavam-pamantaranandro

horario

tondro ora

minutero

tondro minitra

segundero

tondro segondra

¿Qué hora es?

Amin'ny firy izao?

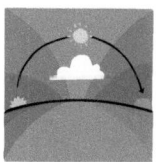

día

andro

tiempo

fotoana

ahora

izao

reloj digital

famantaranandro niomerika

minuto

minitra

hora

ora

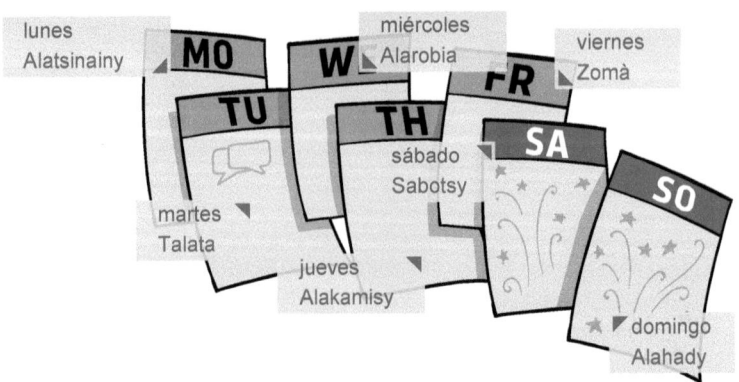

lunes
Alatsinainy

miércoles
Alarobia

viernes
Zomà

martes
Talata

sábado
Sabotsy

jueves
Alakamisy

domingo
Alahady

ayer

omaly

hoy

androany

mañana

ampitso

mañana

maraina

mediodía

atoandro

tarde

hariva

MO	TU	WE	TH	FR	SA	SU
1	2	3	4	5	6	7
8	9	10	11	12	13	14
15	16	17	18	19	20	21
22	23	24	25	26	27	28
29	30	31	1	2	3	4

jornada de trabajo

adro fiasàna

MO	TU	WE	TH	FR	SA	SU
1	2	3	4	5	6	7
8	9	10	11	12	13	14
15	16	17	18	19	20	21
22	23	24	25	26	27	28
29	30	31	1	2	3	4

fin de semana

faran'ny herinandro

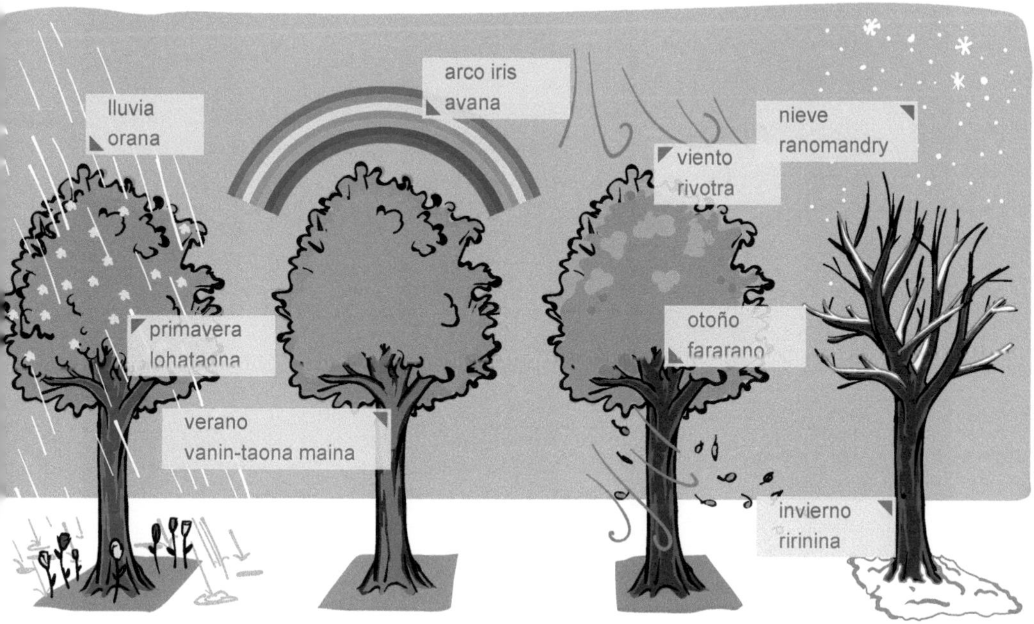

lluvia
orana

arco iris
avana

nieve
ranomandry

viento
rivotra

primavera
lohataona

otoño
fararano

verano
vanin-taona maina

invierno
ririnina

4.APRIL	11°	☀
5.APRIL	4°	☁
6.APRIL	13°	☂
7.APRIL	8°	❄
8.APRIL	10°	☀

pronóstico meteorológico
....
vinavina ara-toetrandro

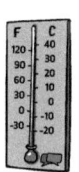

termómetro
....
thermomètre

luz solar
....
tara-masoandro

nube
....
rahona

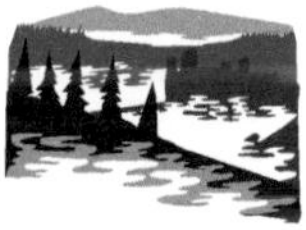

niebla
....
zavona

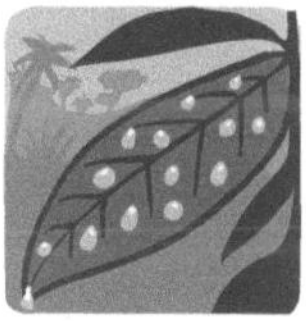

humedad ambiente
....
hamandoana

relámpago

tselatra

trueno

kotroka

tormenta

tafio-drivotra

granizo

havandra

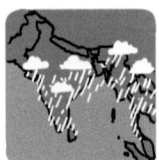

monzón

fahavaratra

inundación

tondra-drano

hielo

vaingan-drano

enero

Janoary

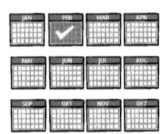

febrero

Febroary

marzo

Martsa

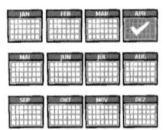

abril

Avrila

mayo

Mey

junio

Jiona

julio

Jolay

agosto

Aogositra

año - taona

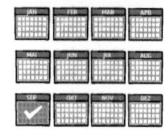

septiembre

Septambra

octubre

Oktobra

noviembre

Novambra

diciembre

Desambra

formas
endrika

círculo

boribory

cuadrado

efamira

rectángulo

efajoro

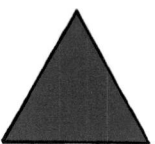

triángulo

telozoro

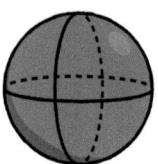

esfera

bola

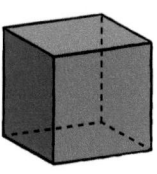

cubo

goba

blanco

fotsy

amarillo

mavo

anaranjado

laoranjy

rosa

mavokely

rojo

mena

lila

voloparasy

azul

manga

verde

maitso

marrón

volotany

gris

volondavenona

negro

mainty

mucho / poco

betsaka / vitsy

enojado / calmado

tezitra / tony

bonito / feo

tsara / ratsy

comienzo / fin

fiandohana / fiafarana

grande / pequeño

lehibe / kely

claro / oscuro

mazava / maloka

hermano / hermana

rahalahy / rahavavy

limpio / sucio

madio / maloto

completo / incompleto

feno / banga

día / noche

andro / alina

muerto / vivo

maty / velona

ancho / angosto

malalaka / tery

disfrutable / no disfrutable

azo hanina / tsy fihinana

malo / amigable

tsivalahara / tsara fanahy

excitado / aburrido

endratra / sorena

gordo / delgado

matavy / mahia

primero / último

voalohany / farany

amigo / enemigo

mpinamana / mpifahavalo

lleno / vacío

feno / foana

duro / suave

mafy / malefaka

pesado / liviano

mavesatra / maivana

hambre / sed

noana / mangetaheta

enfermo / saludable

marary / salama

ilegal / legal

tsy ara-dalàna / ara-dalàna

inteligente / tonto

mahay / vendrana

izquierda / derecha

havia / havanana

cercano / lejano

akaiky / lavitra

nuevo / usado

vaovao / tranainy

nada / algo

tsy misy / misy

viejo / joven

antitra / tanora

encendido / apagado

mandeha / maty

abierto / cerrado

mivoha / mihidy

bajo / fuerte

mangina / mitabataba

rico / pobre

manankarena / mahantra

correcto / incorrecto

marina / diso

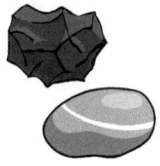

áspero / liso

marokoroko / malama

triste / alegre

malahelo / faly

breve / extenso

fohy / lava

lento / veloz

mora / faingana

mojado / seco

mando / maina

caliente / frio

mafana / mangatsiaka

guerra / paz

ady / fahalemana

0

cero

aotra

1

uno

iray

2

dos

roa

3

tres

telo

4

cuatro

efatra

5

cinco

dimy

6

seis

enina

7

siete

fito

8

ocho

valo

9

nueve

sivy

10

diez

folo

11

once

iraikambinifolo

12
doce

roambinifolo

13
trece

teloambinifolo

14
catorce

efatrambinifolo

15
quince

dirniambinifolo

16
dieciséis

eninambinitolo

17
diecisiete

fitoambinifolo

18
dieciocho

valoambinifolo

19
diecinueve

siviambinifolo

20
veinte

roapolo

100
cien

zato

1.000
mil

arivo

1.000.000
millón

tapitrisa

inglés

Anglisy

inglés estadounidense

Anglisy amerikana

chino mandarín

Fiteny sinoa mandarina

hindi

Hindi

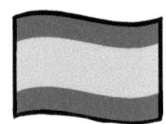

español

Espaniola

francés

Frantsay

árabe

Fiteny arabo

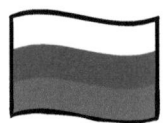

ruso

Fiteny rosiana

portugués

Portogey

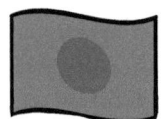

bengalí

Bengaly

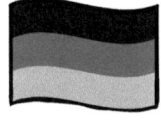

alemán

Alemà

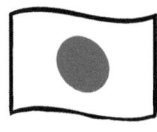

japonés

Japoney

yo

izaho

tú

ianao

él / ella

izy / io

nosotros

isika

vosotros

ianao

ellos

zareo

¿quién?

iza?

¿qué?

inona?

¿cómo?

ahoana?

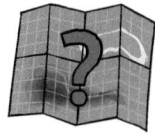

¿dónde?

aiza?

¿cuándo?

oviana?

nombre

anarana

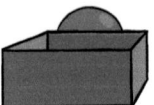

detrás

aorina

en

anaty

delante de

anoloana

encima de

any

sobre

ambony

debajo de

ambany

junto a

ankila

entre

afovoany

lugar

toerana